TRANZLATY

Language is for everyone

A nyelv mindenkié

Beauty and the Beast

A Szépség és a Szörnyeteg

Gabrielle-Suzanne Barbot de Villeneuve

English / Magyar

Copyright © 2025 Tranzlaty
All rights reserved
Published by Tranzlaty
ISBN: 978-1-83566-976-1
Original text by Gabrielle-Suzanne Barbot de Villeneuve
La Belle et la Bête
First published in French in 1740
Taken from The Blue Fairy Book (Andrew Lang)
Illustration by Walter Crane
www.tranzlaty.com

There was once a rich merchant
Volt egyszer egy gazdag kereskedő
this rich merchant had six children
ennek a gazdag kereskedőnek hat gyermeke volt
he had three sons and three daughters
három fia és három lánya volt
he spared no cost for their education
nem kímélte az oktatásukat
because he was a man of sense
mert értelmes ember volt
but he gave his children many servants
de sok szolgát adott gyermekeinek
his daughters were extremely pretty
a lányai rendkívül csinosak voltak
and his youngest daughter was especially pretty
a legkisebb lánya pedig különösen csinos volt
as a child her Beauty was already admired
gyermekkorában már csodálták a szépségét
and the people called her by her Beauty
és az emberek szépsége miatt szólították
her Beauty did not fade as she got older
szépsége nem halványult el, ahogy öregedett
so the people kept calling her by her Beauty
így az emberek folyton szépsége miatt hívták
this made her sisters very jealous
ez nagyon féltékennyé tette a nővéreit
the two eldest daughters had a great deal of pride
a két legidősebb lánya nagyon büszke volt
their wealth was the source of their pride
gazdagságuk volt büszkeségük forrása
and they didn't hide their pride either
és ők sem titkolták büszkeségüket
they did not visit other merchants' daughters
nem látogatták meg más kereskedők lányait
because they only meet with aristocracy
mert csak az arisztokráciával találkoznak

they went out every day to parties
minden nap kimentek bulizni
balls, plays, concerts, and so forth
bálok, színdarabok, koncertek és így tovább
and they laughed at their youngest sister
és kinevették a legkisebb húgukon
because she spent most of her time reading
mert ideje nagy részét olvasással töltötte
it was well known that they were wealthy
köztudott volt, hogy gazdagok
so several eminent merchants asked for their hand
így több jeles kereskedő megkérte a kezét
but they said they were not going to marry
de azt mondták, hogy nem házasodnak össze
but they were prepared to make some exceptions
de készek voltak néhány kivételt tenni
"perhaps I could marry a Duke"
„talán feleségül vehetnék egy herceget"
"I guess I could marry an Earl"
„Azt hiszem, feleségül tudnék venni egy grófot"
Beauty very civilly thanked those that proposed to her
szépség nagyon polgáriasan megköszönte azoknak, akik felajánlották neki
she told them she was still too young to marry
azt mondta nekik, hogy még túl fiatal ahhoz, hogy férjhez menjen
she wanted to stay a few more years with her father
szeretett volna még néhány évet az apjával maradni
All at once the merchant lost his fortune
A kereskedő egyszerre elvesztette a vagyonát
he lost everything apart from a small country house
egy kis vidéki házon kívül mindent elveszített
and he told his children with tears in his eyes:
és könnyes szemmel mondta gyermekeinek:
"we must go to the countryside"
"vidékre kell mennünk"

"and we must work for our living"
"és dolgoznunk kell a megélhetésünkért"
the two eldest daughters didn't want to leave the town
a két legidősebb lány nem akarta elhagyni a várost
they had several lovers in the city
több szeretőjük volt a városban
and they were sure one of their lovers would marry them
és biztosak voltak benne, hogy valamelyik szeretőjük feleségül veszi őket
they thought their lovers would marry them even with no fortune
azt hitték, szeretőik vagyon nélkül is feleségül veszik őket
but the good ladies were mistaken
de a jó hölgyek tévedtek
their lovers abandoned them very quickly
szeretőik nagyon gyorsan elhagyták őket
because they had no fortunes any more
mert nem volt többé vagyonuk
this showed they were not actually well liked
ez azt mutatta, hogy valójában nem kedvelték őket
everybody said they do not deserve to be pitied
mindenki azt mondta, hogy nem érdemli meg, hogy sajnálják őket
"we are glad to see their pride humbled"
"Örülünk, hogy büszkeségüket alázatosan látjuk"
"let them be proud of milking cows"
"legyenek büszkék a fejő tehenekre"
but they were concerned for Beauty
de a szépségért aggódtak
she was such a sweet creature
olyan édes teremtés volt
she spoke so kindly to poor people
olyan kedvesen beszélt szegény emberekkel
and she was of such an innocent nature
és olyan ártatlan természetű volt
Several gentlemen would have married her

Több úr is feleségül vette volna
they would have married her even though she was poor
feleségül vették volna, bár szegény volt
but she told them she couldn't marry them
de azt mondta nekik, hogy nem veheti feleségül őket
because she would not leave her father
mert nem hagyná el az apját
she was determined to go with him to the countryside
elhatározta, hogy elmegy vele vidékre
so that she could comfort and help him
hogy megvigasztalhassa és segítse
Poor Beauty was very grieved at first
Szegény szépség eleinte nagyon elszomorodott
she was grieved by the loss of her fortune
gyászolta vagyona elvesztése
"but crying won't change my fortunes"
"de a sírás nem változtatja meg a szerencsémet"
"I must try to make myself happy without wealth"
"Meg kell próbálnom gazdagság nélkül boldoggá tenni magam"
they came to their country house
vidéki házukba jöttek
and the merchant and his three sons applied themselves to husbandry
a kereskedő és három fia pedig állattenyésztésre jelentkezett
Beauty rose at four in the morning
szépség hajnali négykor felkelt
and she hurried to clean the house
és sietett kitakarítani a házat
and she made sure dinner was ready
és gondoskodott róla, hogy elkészüljön a vacsora
in the beginning she found her new life very difficult
kezdetben nagyon nehéznek találta új életét
because she had not been used to such work
mert nem volt hozzászokva az ilyen munkához
but in less than two months she grew stronger

de alig két hónap alatt megerősödött
and she was healthier than ever before
és egészségesebb volt, mint valaha
after she had done her work she read
miután elvégezte a munkáját, elolvasott
she played on the harpsichord
csembalón játszott
or she sung whilst she spun silk
vagy énekelt, miközben selymet sodort
on the contrary, her two sisters did not know how to spend their time
éppen ellenkezőleg, a két nővére nem tudta, mivel töltse az idejét
they got up at ten and did nothing but laze about all day
tízkor keltek, és nem csináltak mást, csak lustálkodtak egész nap
they lamented the loss of their fine clothes
szép ruháik elvesztésén keseregtek
and they complained about losing their acquaintances
és panaszkodtak az ismerőseik elvesztéséről
"Have a look at our youngest sister," they said to each other
„Nézze meg a legkisebb nővérünket" – mondták egymásnak
"what a poor and stupid creature she is"
"milyen szegény és ostoba teremtés ez"
"it is mean to be content with so little"
"rossz megelégedni ennyivel"
the kind merchant was of quite a different opinion
a kedves kereskedő egészen más véleményen volt
he knew very well that Beauty outshone her sisters
nagyon jól tudta, hogy a szépség felülmúlja a nővéreit
she outshone them in character as well as mind
jellemében és elméjében is túlszárnyalta őket
he admired her humility and her hard work
csodálta alázatát és kemény munkáját
but most of all he admired her patience
de leginkább a türelmét csodálta

her sisters left her all the work to do
nővérei minden munkát ráhagytak
and they insulted her every moment
és minden pillanatban megsértették
The family had lived like this for about a year
A család körülbelül egy évig élt így
then the merchant got a letter from an accountant
majd a kereskedő levelet kapott egy könyvelőtől
he had an investment in a ship
befektetése volt egy hajóban
and the ship had safely arrived
és a hajó épségben megérkezett
this news turned the heads of the two eldest daughters
t híre felforgatta a két legidősebb lány fejét
they immediately had hopes of returning to town
azonnal reménykedtek, hogy visszatérnek a városba
because they were quite weary of country life
mert eléggé belefáradtak a vidéki életbe
they went to their father as he was leaving
apjukhoz mentek, amint az elment
they begged him to buy them new clothes
könyörögtek neki, hogy vegyen nekik új ruhát
dresses, ribbons, and all sorts of little things
ruhák, szalagok és mindenféle apróság
but Beauty asked for nothing
de a szépség nem kért semmit
because she thought the money wasn't going to be enough
mert azt hitte, a pénz nem lesz elég
there wouldn't be enough to buy everything her sisters wanted
nem lenne elég megvenni mindent, amit a nővérei akartak
"What would you like, Beauty?" asked her father
– Mit szeretnél, szépségem? kérdezte az apja
"thank you, father, for the goodness to think of me," she said
– Köszönöm, apám, hogy gondoltál rám – mondta
"father, be so kind as to bring me a rose"

"Atyám, légy olyan kedves, és hozz nekem egy rózsát"
"because no roses grow here in the garden"
"mert nem nő rózsa itt a kertben"
"and roses are a kind of rarity"
"és a rózsa egyfajta ritkaság"
Beauty didn't really care for roses
a szépség nem igazán törődött a rózsákkal
she only asked for something not to condemn her sisters
csak kért valamit, hogy ne ítélje el a nővéreit
but her sisters thought she asked for roses for other reasons
de a nővérei azt hitték, más okból kér rózsát
"she did it just to look particular"
"csak azért csinálta, hogy különlegesen nézzen ki"
The kind man went on his journey
A kedves ember elindult az útjára
but when he arrived they argued about the merchandise
de amikor megérkezett, vitatkoztak az áruról
and after a lot of trouble he came back as poor as before
és sok fáradság után olyan szegényen tért vissza, mint azelőtt
he was within a couple of hours of his own house
pár órán belül a saját házától volt
and he already imagined the joy of seeing his children
és már elképzelte a gyermekei látásának örömét
but when going through forest he got lost
de amikor átment az erdőn, eltévedt
it rained and snowed terribly
borzasztóan esett és havazott
the wind was so strong it threw him off his horse
a szél olyan erős volt, hogy ledobta a lováról
and night was coming quickly
és gyorsan jött az éjszaka
he began to think that he might starve
kezdett arra gondolni, hogy éhen halhat
and he thought that he might freeze to death
és arra gondolt, hogy halálra fagyhat
and he thought wolves may eat him

és azt hitte, a farkasok megehetik
the wolves that he heard howling all round him
a farkasok, akiket hallott üvölteni maga körül
but all of a sudden he saw a light
de hirtelen fényt látott
he saw the light at a distance through the trees
távolról látta a fényt a fák között
when he got closer he saw the light was a palace
amikor közelebb ért, látta, hogy a fény egy palota
the palace was illuminated from top to bottom
a palotát tetőtől talpig kivilágították
the merchant thanked God for his luck
a kereskedő megköszönte Istennek a szerencsét
and he hurried to the palace
és a palotába sietett
but he was surprised to see no people in the palace
de meglepődött, hogy nem látott embereket a palotában
the court yard was completely empty
az udvar teljesen üres volt
and there was no sign of life anywhere
és életnek nyoma sem volt sehol
his horse followed him into the palace
lova követte a palotába
and then his horse found large stable
majd a lova nagy istállót talált
the poor animal was almost famished
szegény állat szinte éhes volt
so his horse went in to find hay and oats
így a lova bement szénát és zabot keresni
fortunately he found plenty to eat
szerencsére talált bőven ennivalót
and the merchant tied his horse up to the manger
és a kereskedő a jászolhoz kötötte a lovát
walking towards the house he saw no one
haladva nem látott senkit
but in a large hall he found a good fire

de egy nagy teremben jó tüzet talált
and he found a table set for one
és talált egy megterített asztalt
he was wet from the rain and snow
nedves volt az esőtől és a hótól
so he went near the fire to dry himself
ezért a tűz közelébe ment megszárítani magát
"I hope the master of the house will excuse me"
"Remélem, a ház ura megbocsát"
"I suppose it won't take long for someone to appear"
– Gondolom, nem tart sokáig, amíg valaki megjelenik.
He waited a considerable time
Jó sokáig várt
he waited until it struck eleven, and still nobody came
megvárta, amíg elütötte a tizenegyet, de még mindig nem jött senki
at last he was so hungry that he could wait no longer
végre annyira éhes volt, hogy nem tudott tovább várni
he took some chicken and ate it in two mouthfuls
vett egy csirkét, és két falatban megette
he was trembling while eating the food
remegett az étel elfogyasztása közben
after this he drank a few glasses of wine
ezek után ivott néhány pohár bort
growing more courageous he went out of the hall
egyre bátrabban ment ki a teremből
and he crossed through several grand halls
és átkelt több nagy termen
he walked through the palace until he came into a chamber
végigsétált a palotán, amíg be nem ért egy kamrába
a chamber which had an exceeding good bed in it
egy kamra, amelyben rendkívül jó ágy volt
he was very much fatigued from his ordeal
nagyon elfáradt a megpróbáltatásoktól
and the time was already past midnight
és az idő már elmúlt éjfél

so he decided it was best to shut the door
ezért úgy döntött, a legjobb, ha becsukja az ajtót
and he concluded he should go to bed
és arra a következtetésre jutott, hogy le kell feküdnie
It was ten in the morning when the merchant woke up
Délelőtt tíz óra volt, amikor a kereskedő felébredt
just as he was going to rise he saw something
éppen amikor fel akart kelni, látott valamit
he was astonished to see a clean set of clothes
elképedt egy tiszta ruhakészlet láttán
in the place where he had left his dirty clothes
azon a helyen, ahol piszkos ruháit hagyta
"certainly this palace belongs to some kind fairy"
"Bizonyára valami tündéré ez a palota"
"a fairy who has seen and pitied me"
" egy tündér, aki látott és megsajnált engem"
he looked through a window
benézett egy ablakon
but instead of snow he saw the most delightful garden
de hó helyett a legelragadóbb kertet látta
and in the garden were the most beautiful roses
és a kertben voltak a legszebb rózsák
he then returned to the great hall
aztán visszatért a nagyterembe
the hall where he had had soup the night before
a terem, ahol előző este levest ivott
and he found some chocolate on a little table
és talált egy kis csokoládét egy kis asztalkán
"Thank you, good Madam Fairy," he said aloud
– Köszönöm, jó Madam Fairy – mondta hangosan
"thank you for being so caring"
"Köszönöm, hogy ilyen gondoskodó voltál"
"I am extremely obliged to you for all your favours"
"Rendkívül hálás vagyok minden szívességéért"
the kind man drank his chocolate
a kedves ember megitta a csokit

and then he went to look for his horse
majd elment megkeresni a lovát
but in the garden he remembered Beauty's request
de a kertben eszébe jutott szépségkérés
and he cut off a branch of roses
és levágott egy rózsaágat
immediately he heard a great noise
azonnal nagy zajt hallott
and he saw a terribly frightful Beast
és egy rettenetesen ijesztő fenevadat látott
he was so scared that he was ready to faint
annyira megijedt, hogy készen állt az ájulásra
"You are very ungrateful," said the Beast to him
– Nagyon hálátlan vagy – mondta neki a vadállat
and the Beast spoke in a terrible voice
és a fenevad szörnyű hangon beszélt
"I have saved your life by allowing you into my castle"
"Megmentettem az életét azzal, hogy beengedtem a kastélyomba"
"and for this you steal my roses in return?"
"és ezért cserébe ellopod a rózsáimat?"
"The roses which I value beyond anything"
"A rózsák, amelyeket mindennél jobban értékelek"
"but you shall die for what you've done"
"de meg kell halnod azért, amit tettél"
"I give you but a quarter of an hour to prepare yourself"
"Csak negyed órát adok, hogy felkészülj"
"get yourself ready for death and say your prayers"
"Készülj fel a halálra és mondd el az imáidat"
the merchant fell on his knees
a kereskedő térdre esett
and he lifted up both his hands
és felemelte mindkét kezét
"My lord, I beseech you to forgive me"
"Uram, kérlek, bocsáss meg nekem"
"I had no intention of offending you"

"Nem állt szándékomban megbántani"
"I gathered a rose for one of my daughters"
"Rózsát gyűjtöttem az egyik lányomnak"
"she asked me to bring her a rose"
"megkért, hogy hozzak neki egy rózsát"
"I am not your lord, but I am a Beast," replied the monster
- Nem vagyok az urad, hanem egy vadállat - válaszolta a szörnyeteg
"I don't love compliments"
"Nem szeretem a bókokat"
"I like people who speak as they think"
"Szeretem azokat az embereket, akik úgy beszélnek, ahogy gondolják"
"do not imagine I can be moved by flattery"
"ne képzeld, hogy meghathat a hízelgés"
"But you say you have got daughters"
– De azt mondod, hogy lányaid vannak.
"I will forgive you on one condition"
"Egy feltétellel megbocsátok"
"one of your daughters must come to my palace willingly"
"Az egyik lányodnak készségesen el kell jönnie a palotámba"
"and she must suffer for you"
"és szenvednie kell érted"
"Let me have your word"
"Engedd, hogy szót mondjak"
"and then you can go about your business"
"és akkor mehet a dolgod"
"Promise me this:"
"Ígérd meg nekem ezt:"
"if your daughter refuses to die for you, you must return within three months"
"Ha a lányod nem hajlandó meghalni érted, három hónapon belül vissza kell térned"
the merchant had no intentions to sacrifice his daughters
a kereskedőnek nem állt szándékában feláldozni a lányait
but, since he was given time, he wanted to see his daughters

once more
de mivel időt kapott, még egyszer látni akarta a lányait
so he promised he would return
ezért megígérte, hogy visszatér
and the Beast told him he might set out when he pleased
és a fenevad azt mondta neki, hogy indulhat, amikor akarja
and the Beast told him one more thing
és a fenevad még egy dolgot mondott neki
"you shall not depart empty handed"
"nem távozhatsz üres kézzel"
"go back to the room where you lay"
"menj vissza abba a szobába, ahol feküdtél"
"you will see a great empty treasure chest"
"látsz egy nagy üres kincsesládát"
"fill the treasure chest with whatever you like best"
"Töltsd meg a kincsesládát azzal, ami a legjobban tetszik"
"and I will send the treasure chest to your home"
"És hazaküldöm a kincsesládát"
and at the same time the Beast withdrew
és egyúttal a vadállat visszavonult
"Well," said the good man to himself
– Nos – mondta magában a jó ember
"if I must die, I shall at least leave something to my children"
"Ha meg kell halnom, legalább hagyok valamit a gyerekeimre."
so he returned to the bedchamber
így visszatért a hálószobába
and he found a great many pieces of gold
és nagyon sok aranyat talált
he filled the treasure chest the Beast had mentioned
megtöltötte a kincsesládát, amelyet a vadállat említett
and he took his horse out of the stable
és kivette a lovát az istállóból
the joy he felt when entering the palace was now equal to the grief he felt leaving it

az öröm, amit a palotába való belépéskor érzett, most egyenlő
volt azzal a bánattal, amelyet elhagyott
the horse took one of the roads of the forest
a ló az erdő egyik útjára ment
and in a few hours the good man was home
és néhány óra múlva a jóember otthon volt
his children came to him
gyermekei jöttek hozzá
but instead of receiving their embraces with pleasure, he looked at them
de ahelyett, hogy örömmel fogadta volna ölelésüket, rájuk nézett
he held up the branch he had in his hands
feltartotta a kezében tartott ágat
and then he burst into tears
majd sírva fakadt
"Beauty," he said, "please take these roses"
– Szépség – mondta –, kérlek, vedd el ezeket a rózsákat!
"you can't know how costly these roses have been"
"Nem tudhatod, milyen drágák voltak ezek a rózsák"
"these roses have cost your father his life"
"ezek a rózsák az apád életébe kerültek"
and then he told of his fatal adventure
majd elmesélte végzetes kalandját
immediately the two eldest sisters cried out
azonnal felkiáltott a két legidősebb nővér
and they said many mean things to their beautiful sister
és sok aljas dolgot mondtak gyönyörű nővérüknek
but Beauty did not cry at all
de a szépség egyáltalán nem sírt
"Look at the pride of that little wretch," said they
„Nézd, milyen büszkeség ez a kis nyomorult" – mondták
"she did not ask for fine clothes"
"nem kért szép ruhát"
"she should have done what we did"
"neki azt kellett volna tennie, amit mi tettünk"

"she wanted to distinguish herself"
"Meg akarta különböztetni magát"
"so now she will be the death of our father"
"tehát most ő lesz apánk halála"
"and yet she does not shed a tear"
"és mégsem könnyet ejt"
"Why should I cry?" answered Beauty
– Miért sírjak? válaszolta szépség
"crying would be very needless"
"sírás nagyon felesleges lenne"
"my father will not suffer for me"
"apám nem fog szenvedni értem"
"the monster will accept of one of his daughters"
"a szörny elfogadja az egyik lányát"
"I will offer myself up to all his fury"
"Feladom magam minden haragjának"
"I am very happy, because my death will save my father's life"
"Nagyon boldog vagyok, mert a halálom megmenti apám életét"
"my death will be a proof of my love"
"halálom a szerelmem bizonyítéka lesz"
"No, sister," said her three brothers
– Nem, húgom – mondta három testvére
"that shall not be"
"az nem lesz"
"we will go find the monster"
"Megyünk megkeresni a szörnyet"
"and either we will kill him..."
"és vagy megöljük..."
"... or we will perish in the attempt"
"...vagy elpusztulunk a kísérletben"
"Do not imagine any such thing, my sons," said the merchant
– Ne képzeljetek ilyesmit, fiaim – mondta a kereskedő
"the Beast's power is so great that I have no hope you could overcome him"

"A fenevad ereje akkora, hogy nincs reményem, hogy legyőzhetnéd"
"I am charmed with Beauty's kind and generous offer"
"Elbűvölt a szépség kedves és nagylelkű ajánlata"
"but I cannot accept to her generosity"
"de nem tudom elfogadni a nagylelkűségét"
"I am old, and I don't have long to live"
"Öreg vagyok, és nem kell sokáig élnem"
"so I can only loose a few years"
"így csak néhány évet veszíthetek"
"time which I regret for you, my dear children"
"Az idő, amit sajnálok értetek, kedves gyermekeim"
"But father," said Beauty
– De apa – mondta szépség
"you shall not go to the palace without me"
"nem mész a palotába nélkülem"
"you cannot stop me from following you"
"Nem akadályozhatod meg, hogy kövesselek"
nothing could convince Beauty otherwise
semmi sem tudta meggyőzni a szépséget az ellenkezőjéről
she insisted on going to the fine palace
ragaszkodott hozzá, hogy elmenjen a szép palotába
and her sisters were delighted at her insistence
és a nővérei örültek a ragaszkodásának
The merchant was worried at the thought of losing his daughter
A kereskedő aggódott a lánya elvesztésének gondolata miatt
he was so worried that he had forgotten about the chest full of gold
annyira aggódott, hogy megfeledkezett az arannyal teli ládáról
at night he retired to rest, and he shut his chamber door
éjjel visszavonult pihenni, és becsukta a kamra ajtaját
then, to his great astonishment, he found the treasure by his bedside
majd nagy megdöbbenésére az ágya mellett találta a kincset

he was determined not to tell his children
elhatározta, hogy nem mondja el a gyerekeinek
if they knew, they would have wanted to return to town
ha tudták volna, vissza akartak volna térni a városba
and he was resolved not to leave the countryside
és elhatározta, hogy nem hagyja el a vidéket
but he trusted Beauty with the secret
de a szépségre bízta a titkot
she informed him that two gentlemen had came
közölte vele, hogy két úr jött
and they made proposals to her sisters
és javaslatokat tettek a nővéreinek
she begged her father to consent to their marriage
könyörgött az apjának, hogy járuljon hozzá a házasságukhoz
and she asked him to give them some of his fortune
és megkérte, hogy adjon nekik a vagyonából
she had already forgiven them
már megbocsátott nekik
the wicked creatures rubbed their eyes with onions
a gonosz lények hagymával dörzsölték a szemüket
to force some tears when they parted with their sister
hogy könnyekre fakadjon, amikor elváltak a nővérüktől
but her brothers really were concerned
de a testvérei valóban aggódtak
Beauty was the only one who did not shed any tears
a szépség volt az egyetlen, aki nem ejtett könnyeket
she did not want to increase their uneasiness
nem akarta fokozni a nyugtalanságukat
the horse took the direct road to the palace
a ló a közvetlen úton ment a palotába
and towards evening they saw the illuminated palace
és estefelé meglátták a kivilágított palotát
the horse took himself into the stable again
a ló ismét bevette magát az istállóba
and the good man and his daughter went into the great hall
és a jó ember és a lánya bementek a nagyterembe

here they found a table splendidly served up
itt találtak egy pompásan felszolgált asztalt
the merchant had no appetite to eat
a kereskedőnek nem volt étvágya enni
but Beauty endeavoured to appear cheerful
de a szépség igyekezett vidámnak látszani
she sat down at the table and helped her father
leült az asztalhoz és segített az apjának
but she also thought to herself:
de azt is gondolta magában:
"Beast surely wants to fatten me before he eats me"
"A fenevad biztosan meg akar hizlalni, mielőtt megesz"
"that is why he provides such plentiful entertainment"
"ezért nyújt ilyen bőséges szórakozást"
after they had eaten they heard a great noise
miután ettek, nagy zajt hallottak
and the merchant bid his unfortunate child farewell, with tears in his eyes
és a kereskedő könnyes szemmel búcsúzott szerencsétlen gyermekétől
because he knew the Beast was coming
mert tudta, hogy jön a fenevad
Beauty was terrified at his horrid form
a szépség megrémült iszonyatos alakjától
but she took courage as well as she could
de a lehető legjobban vette a bátorságot
and the monster asked her if she came willingly
és a szörny megkérdezte tőle, hogy szívesen jött-e
"yes, I have come willingly," she said trembling
– Igen, szívesen jöttem – mondta remegve
the Beast responded, "You are very good"
a vadállat így válaszolt: "Nagyon jó vagy"
"and I am greatly obliged to you; honest man"
"És nagyon hálás vagyok neked, becsületes ember"
"go your ways tomorrow morning"
"Holnap reggel menj az utaidra"

"but never think of coming here again"
"de soha ne gondolj arra, hogy többet idejössz"
"Farewell Beauty, farewell Beast," he answered
– Búcsút szépség, búcsúzó állat – válaszolta
and immediately the monster withdrew
és a szörny azonnal visszavonult
"Oh, daughter," said the merchant
– Ó, lányom – mondta a kereskedő
and he embraced his daughter once more
és még egyszer átölelte a lányát
"I am almost frightened to death"
"Majdnem halálra rémülök"
"believe me, you had better go back"
"Higgye el, jobb lesz, ha visszamegy"
"let me stay here, instead of you"
"Hadd maradjak itt helyetted"
"No, father," said Beauty, in a resolute tone
– Nem, apám – mondta a szépség határozott hangon
"you shall set out tomorrow morning"
"holnap reggel indulsz"
"leave me to the care and protection of providence"
"hagyj a gondviselés gondjaira és védelmére"
nonetheless they went to bed
ennek ellenére lefeküdtek
they thought they would not close their eyes all night
azt hitték, egész éjjel nem hunyják be a szemüket
but just as they lay down they slept
de éppen amikor lefeküdtek aludtak
Beauty dreamed a fine lady came and said to her:
A szépség álmodott egy szép hölgy jött hozzá, és azt mondta neki:
"I am content, Beauty, with your good will"
"Elégedett vagyok, szépségem, jóakaratoddal"
"this good action of yours shall not go unrewarded"
"ez a jó cselekedeted nem marad jutalom nélkül"
Beauty waked and told her father her dream

A szépség felébredt, és elmesélte apjának álmát
the dream helped to comfort him a little
az álom egy kicsit segített megvigasztalni
but he could not help crying bitterly as he was leaving
de nem tudott keservesen sírni indulás közben
as soon as he was gone, Beauty sat down in the great hall and cried too
amint elment, szépség leült a nagyteremben és sírt is
but she resolved not to be uneasy
de úgy döntött, nem lesz nyugtalan
she decided to be strong for the little time she had left to live
úgy döntött, hogy erős lesz az élethez hátralévő kis ideig
because she firmly believed the Beast would eat her
mert szilárdan hitte, hogy a fenevad megeszi
however, she thought she might as well explore the palace
azonban úgy gondolta, akár felfedezhetné a palotát
and she wanted to view the fine castle
és meg akarta nézni a szép kastélyt
a castle which she could not help admiring
egy kastély, amelyet nem győzött megcsodálni
it was a delightfully pleasant palace
elragadóan kellemes palota volt
and she was extremely surprised at seeing a door
és rendkívül meglepődött, amikor meglátott egy ajtót
and over the door was written that it was her room
és az ajtó fölé ki volt írva, hogy ez az ő szobája
she opened the door hastily
sietve kinyitotta az ajtót
and she was quite dazzled with the magnificence of the room
és egészen elkápráztatta a szoba pompáját
what chiefly took up her attention was a large library
ami főként lekötötte a figyelmét, az egy nagy könyvtár volt
a harpsichord and several music books
egy csembaló és több kottakönyv
"Well," said she to herself

– Nos – mondta magában
"I see the Beast will not let my time hang heavy"
"Látom, a vadállat nem hagyja, hogy az időm nehezére essen"
then she reflected to herself about her situation
aztán elgondolkodott magában a helyzetén
"If I was meant to stay a day all this would not be here"
"Ha egy napig maradnom kellett volna, ez nem lenne itt"
this consideration inspired her with fresh courage
ez a megfontolás új bátorságot inspirált
and she took a book from her new library
és elővett egy könyvet az új könyvtárából
and she read these words in golden letters:
és ezeket a szavakat olvasta aranybetűkkel:
"Welcome Beauty, banish fear"
"Üdvözöllek szépség, űzd el a félelmet"
"You are queen and mistress here"
"Te vagy itt királynő és úrnő"
"Speak your wishes, speak your will"
"Mondd ki a kívánságodat, mondd ki az akaratodat"
"Swift obedience meets your wishes here"
"A gyors engedelmesség itt teljesíti a kívánságait"
"Alas," said she, with a sigh
– Jaj – mondta sóhajtva
"Most of all I wish to see my poor father"
"Leginkább látni szeretném szegény apámat"
"and I would like to know what he is doing"
"És szeretném tudni, hogy mit csinál"
As soon as she had said this she noticed the mirror
Amint ezt kimondta, észrevette a tükröt
to her great amazement she saw her own home in the mirror
legnagyobb ámulatára saját otthonát látta a tükörben
her father arrived emotionally exhausted
apja érzelmileg kimerülten érkezett
her sisters went to meet him
nővérei elmentek hozzá
despite their attempts to appear sorrowful, their joy was

visible
annak ellenére, hogy megpróbáltak szomorúnak látszani,
örömük látható volt
a moment later everything disappeared
egy pillanattal később minden eltűnt
and Beauty's apprehensions disappeared too
és a szépség félelmei is eltűntek
for she knew she could trust the Beast
mert tudta, hogy megbízhat a fenevadban
At noon she found dinner ready
Délben készen találta a vacsorát
she sat herself down at the table
leült az asztalhoz
and she was entertained with a concert of music
és zenei koncerttel szórakoztatták
although she couldn't see anybody
bár nem láthatott senkit
at night she sat down for supper again
este megint leült vacsorázni
this time she heard the noise the Beast made
ezúttal hallotta a fenevad zaját
and she could not help being terrified
és nem tehetett róla, hogy retteg
"Beauty," said the monster
– szépség – mondta a szörnyeteg
"do you allow me to eat with you?"
– Megengeded, hogy veled egyek?
"do as you please," Beauty answered trembling
– Tedd, amit akarsz – válaszolta remegve a szépség
"No," replied the Beast
– Nem – válaszolta a vadállat
"you alone are mistress here"
"Egyedül te vagy itt úrnő"
"you can send me away if I'm troublesome"
"Elküldhetsz, ha zavarok"
"send me away and I will immediately withdraw"

"Küldj el, és azonnal visszavonom"
"But, tell me; do you not think I am very ugly?"
– De mondd csak, nem gondolod, hogy nagyon csúnya vagyok?
"That is true," said Beauty
– Ez igaz – mondta szépség
"I cannot tell a lie"
"Nem tudok hazudni"
"but I believe you are very good natured"
"de azt hiszem, nagyon jó természetű vagy"
"I am indeed," said the monster
– Valóban az vagyok – mondta a szörnyeteg
"But apart from my ugliness, I also have no sense"
"De a csúnyaságomon kívül nincs értelme."
"I know very well that I am a silly creature"
"Tudom jól, hogy buta lény vagyok"
"It is no sign of folly to think so," replied Beauty
- Nem az ostobaság jele, ha így gondolod - válaszolta szépség
"Eat then, Beauty," said the monster
– Akkor egyél, szépségem – mondta a szörnyeteg
"try to amuse yourself in your palace"
"Próbálj szórakozni a palotádban"
"everything here is yours"
"itt minden a tiéd"
"and I would be very uneasy if you were not happy"
"És nagyon nyugtalan lennék, ha nem lennél boldog"
"You are very obliging," answered Beauty
„Nagyon kedves vagy" – válaszolta szépség
"I admit I am pleased with your kindness"
"Bevallom, örülök a kedvességednek"
"and when I consider your kindness, I hardly notice your deformities"
"És ha a kedvességedre gondolok, alig veszem észre a deformitásaidat"
"Yes, yes," said the Beast, "my heart is good
- Igen, igen - mondta a vadállat -, jó a szívem

"but although I am good, I am still a monster"
"de bár jó vagyok, mégis szörnyeteg vagyok"
"There are many men that deserve that name more than you"
"Sok férfi van, aki jobban megérdemli ezt a nevet, mint te"
"and I prefer you just as you are"
"És jobban szeretlek olyannak, amilyen vagy"
"and I prefer you more than those who hide an ungrateful heart"
"És jobban szeretlek téged, mint azokat, akik hálátlan szívet rejtenek"
"if only I had some sense," replied the Beast
– Ha lenne némi eszem – válaszolta a vadállat
"if I had sense I would make a fine compliment to thank you"
"Ha lenne eszem, egy remek bókot tennék, hogy megköszönjem"
"but I am so dull"
"de olyan unalmas vagyok"
"I can only say I am greatly obliged to you"
"Csak azt tudom mondani, hogy nagyon hálás vagyok neked"
Beauty ate a hearty supper
a szépség kiadós vacsorát evett
and she had almost conquered her dread of the monster
és már majdnem legyőzte a szörnyetegtől való félelmét
but she wanted to faint when the Beast asked her the next question
de el akart ájulni, amikor a vadállat feltette neki a következő kérdést
"Beauty, will you be my wife?"
"Szépség, leszel a feleségem?"
she took some time before she could answer
eltartott egy ideig, mire válaszolni tudott
because she was afraid of making him angry
mert félt, hogy feldühíti
at last, however, she said "no, Beast"
végül azonban azt mondta: "nem, vadállat"

immediately the poor monster hissed very frightfully
azonnal nagyon ijesztően sziszegte szegény szörnyeteg
and the whole palace echoed
és az egész palota visszhangzott
but Beauty soon recovered from her fright
de a szépség hamar magához tért ijedtségéből
because Beast spoke again in a mournful voice
mert fenevad ismét gyászos hangon beszélt
"**then farewell, Beauty**"
"Akkor viszlát, szépség"
and he only turned back now and then
és csak időnként fordult vissza
to look at her as he went out
hogy ránézzen, amint kiment
now Beauty was alone again
most a szépség ismét egyedül volt
she felt a great deal of compassion
nagy részvétet érzett
"**Alas, it is a thousand pities**"
"Jaj, ez ezer kár"
"**anything so good natured should not be so ugly**"
"ami ilyen jó természetű, nem lehet olyan csúnya"
Beauty spent three months very contentedly in the palace
szépség három hónapot nagyon elégedetten töltött a palotában
every evening the Beast paid her a visit
minden este a fenevad meglátogatta
and they talked during supper
és vacsora közben beszélgettek
they talked with common sense
józan ésszel beszélgettek
but they didn't talk with what people call wittiness
de nem beszéltek azzal, amit az emberek szellemességnek neveznek
Beauty always discovered some valuable character in the Beast

a szépség mindig felfedezett valami értékes karaktert a fenevadban
and she had gotten used to his deformity
és hozzászokott a férfi deformitásához
she didn't dread the time of his visit anymore
már nem rettegett a látogatásának idejétől
now she often looked at her watch
most gyakran az órájára nézett
and she couldn't wait for it to be nine o'clock
és alig várta, hogy kilenc óra legyen
because the Beast never missed coming at that hour
mert a fenevad soha nem mulasztotta el jönni abban az órában
there was only one thing that concerned Beauty
csak egy dolog vonatkozott a szépségre
every night before she went to bed the Beast asked her the same question
minden este, mielőtt lefeküdt a vadállat ugyanazt a kérdést tette fel neki
the monster asked her if she would be his wife
a szörny megkérdezte tőle, lesz-e a felesége
one day she said to him, "Beast, you make me very uneasy"
egy nap azt mondta neki: "fenevad, nagyon nyugtalanítasz."
"I wish I could consent to marry you"
"Bárcsak beleegyeznék, hogy feleségül vegyem"
"but I am too sincere to make you believe I would marry you"
"de túl őszinte vagyok ahhoz, hogy elhitessem veled, hogy feleségül veszlek"
"our marriage will never happen"
"A mi házasságunk soha nem fog megtörténni"
"I shall always see you as a friend"
"Mindig barátként foglak látni"
"please try to be satisfied with this"
"kérlek próbálj meg elégedett lenni ezzel"
"I must be satisfied with this," said the Beast
– Biztosan elégedett vagyok ezzel – mondta a vadállat

"I know my own misfortune"
"Tudom a saját szerencsétlenségemet"
"but I love you with the tenderest affection"
leggyengédebb szeretettel szeretlek "
"However, I ought to consider myself as happy"
"Azonban boldognak kell tartanom magam"
"and I should be happy that you will stay here"
"És örülnöm kell, hogy itt maradsz"
"promise me never to leave me"
"Ígérd meg, hogy soha nem hagysz el"
Beauty blushed at these words
a szépség elpirult e szavak hallatán
one day Beauty was looking in her mirror
egy nap a szépség a tükörébe nézett
her father had worried himself sick for her
az apja aggódott, hogy beteg lesz érte
she longed to see him again more than ever
jobban vágyott rá, hogy újra láthassa, mint valaha
"I could promise never to leave you entirely"
"Megígérhetem, hogy soha nem hagylak el teljesen"
"but I have so great a desire to see my father"
"de annyira vágyom, hogy lássam apámat"
"I would be impossibly upset if you say no"
"Lehetetlenül ideges lennék, ha nemet mondana"
"I had rather die myself," said the monster
– Inkább magam haltam meg – mondta a szörnyeteg
"I would rather die than make you feel uneasiness"
"Inkább meghalok, mintsem hogy nyugtalanságot keltessem"
"I will send you to your father"
"Elküldelek apádhoz"
"you shall remain with him"
"vele maradsz"
"and this unfortunate Beast will die with grief instead"
"és ez a szerencsétlen állat inkább a bánattól fog meghalni"
"No," said Beauty, weeping
– Nem – mondta a szépség sírva

"I love you too much to be the cause of your death"
"Túlságosan szeretlek ahhoz, hogy a halálod oka legyek"
"I give you my promise to return in a week"
"Ígérem, hogy egy hét múlva visszatérek"
"You have shown me that my sisters are married"
"Megmutattad nekem, hogy a nővéreim házasok"
"and my brothers have gone to the army"
"és a testvéreim elmentek a hadseregbe"
"let me stay a week with my father, as he is alone"
"Hadd maradjak egy hetet apámnál, mert egyedül van"
"You shall be there tomorrow morning," said the Beast
– Holnap reggel ott leszel – mondta a vadállat
"but remember your promise"
"de emlékezz az ígéretedre"
"You need only lay your ring on a table before you go to bed"
"Csak le kell fektetni a gyűrűt az asztalra, mielőtt lefekszel"
"and then you will be brought back before the morning"
"és akkor még reggel visszahoznak"
"Farewell dear Beauty," sighed the Beast
– Búcsút drága szépségem – sóhajtott a vadállat
Beauty went to bed very sad that night
szépség nagyon szomorúan feküdt le aznap este
because she didn't want to see Beast so worried
mert nem akarta ennyire aggódó fenevadat látni
the next morning she found herself at her father's home
másnap reggel az apja otthonában találta magát
she rung a little bell by her bedside
megkongatott egy kis csengőt az ágya mellett
and the maid gave a loud shriek
és a szobalány hangosan felsikoltott
and her father ran upstairs
és az apja felszaladt az emeletre
he thought he was going to die with joy
azt hitte, meg fog halni az örömtől
he held her in his arms for quarter of an hour

negyed óráig tartotta a karjában
eventually the first greetings were over
végül az első köszöntések véget értek
Beauty began to think of getting out of bed
szépség arra kezdett gondolni, hogy felkeljen az ágyból
but she realized she had brought no clothes
de rájött, hogy nem hozott ruhát
but the maid told her she had found a box
de a szobalány azt mondta neki, hogy talált egy dobozt
the large trunk was full of gowns and dresses
a nagy csomagtartó tele volt köntösökkel és ruhákkal
each gown was covered with gold and diamonds
mindegyik ruhát arannyal és gyémánttal borították
Beauty thanked Beast for his kind care
a szépség megköszönte a vadállat kedves gondoskodását
and she took one of the plainest of the dresses
és felvette az egyik legegyszerűbb ruhát
she intended to give the other dresses to her sisters
a többi ruhát a nővéreinek szándékozott adni
but at that thought the chest of clothes disappeared
de erre a gondolatra a ruhás láda eltűnt
Beast had insisted the clothes were for her only
a fenevad ragaszkodott hozzá, hogy a ruhák csak neki valók
her father told her that this was the case
az apja azt mondta neki, hogy ez a helyzet
and immediately the trunk of clothes came back again
és azonnal visszajött a ruhatartó
Beauty dressed herself with her new clothes
szépség felöltözött új ruháival
and in the meantime maids went to find her sisters
és közben szobalányok mentek megkeresni a nővéreit
both her sister were with their husbands
mindkét nővére a férjükkel volt
but both her sisters were very unhappy
de mindkét nővére nagyon boldogtalan volt
her eldest sister had married a very handsome gentleman

legidősebb nővére egy nagyon jóképű úriemberhez ment feleségül

but he was so fond of himself that he neglected his wife

de annyira szerette magát, hogy elhanyagolta a feleségét

her second sister had married a witty man

második nővére egy szellemes férfihoz ment feleségül

but he used his wittiness to torment people

de szellemességét emberek kínzására használta

and he tormented his wife most of all

és leginkább a feleségét gyötörte

Beauty's sisters saw her dressed like a princess

a szépség nővérei hercegnőnek öltözve látták

and they were sickened with envy

és rosszul lettek az irigységtől

now she was more beautiful than ever

most szebb volt, mint valaha

her affectionate behaviour could not stifle their jealousy

szeretetteljes viselkedése nem tudta elfojtani féltékenységüket

she told them how happy she was with the Beast

elmesélte nekik, mennyire örül a vadállatnak

and their jealousy was ready to burst

és féltékenységük kitörni készült

They went down into the garden to cry about their misfortune

Lementek a kertbe sírni a szerencsétlenségük miatt

"In what way is this little creature better than us?"

– Miben jobb ez a kis lény nálunk?

"Why should she be so much happier?"

– Miért lenne sokkal boldogabb?

"Sister," said the older sister

– Nővér – mondta a nővér

"a thought just struck my mind"

"Egy gondolat jutott eszembe"

"let us try to keep her here for more than a week"

"Megpróbáljuk itt tartani több mint egy hétig"

"perhaps this will enrage the silly monster"

"talán ez feldühíti az ostoba szörnyeteget"
"because she would have broken her word"
"mert megszegte volna a szavát"
"and then he might devour her"
"és akkor felfalhatja"
"that's a great idea," answered the other sister
– Ez remek ötlet – válaszolta a másik nővér
"we must show her as much kindness as possible"
"A lehető legtöbb kedvességet kell megmutatnunk neki"
the sisters made this their resolution
a nővérek ezt határozták meg
and they behaved very affectionately to their sister
és nagyon szeretetteljesen viselkedtek a nővérükkel
poor Beauty wept for joy from all their kindness
szegény szépség sírt örömében minden kedvességüktől
when the week was expired, they cried and tore their hair
amikor lejárt a hét, sírtak és tépték a hajukat
they seemed so sorry to part with her
úgy tűnt, nagyon sajnálták, hogy megválnak tőle
and Beauty promised to stay a week longer
és a szépség megígérte, hogy egy héttel tovább marad
In the meantime, Beauty could not help reflecting on herself
Eközben a szépség nem tudta megállni, hogy önmagára gondoljon
she worried what she was doing to poor Beast
aggódott, mit csinál szegény vadállattal
she know that she sincerely loved him
tudja, hogy őszintén szerette őt
and she really longed to see him again
és nagyon vágyott a viszontlátásra
the tenth night she spent at her father's too
a tizedik éjszakát is az apjánál töltötte
she dreamed she was in the palace garden
azt álmodta, hogy a palota kertjében van
and she dreamt she saw the Beast extended on the grass
és azt álmodta, hogy meglátta a fenevadat a fűben

he seemed to reproach her in a dying voice
mintha elhaló hangon szemrehányást tett volna neki
and he accused her of ingratitude
és hálátlansággal vádolta
Beauty woke up from her sleep
a szépség felébredt álmából
and she burst into tears
és sírva fakadt
"Am I not very wicked?"
– Nem vagyok nagyon gonosz?
"Was it not cruel of me to act so unkindly to the Beast?"
– Nem volt kegyetlen tőlem, hogy ilyen barátságtalanul viselkedtem a vadállattal?
"Beast did everything to please me"
"Az állat mindent megtett, hogy a kedvemben járjon"
"Is it his fault that he is so ugly?"
– Az ő hibája, hogy ilyen csúnya?
"Is it his fault that he has so little wit?"
– Az ő hibája, hogy ilyen kevés esze van?
"He is kind and good, and that is sufficient"
"Kedves és jó, és ez elég"
"Why did I refuse to marry him?"
– Miért nem voltam hajlandó feleségül venni?
"I should be happy with the monster"
"Boldognak kell lennem a szörnyeteggel"
"look at the husbands of my sisters"
"Nézd meg a nővéreim férjeit"
"neither wittiness, nor a being handsome makes them good"
"sem a szellemesség, sem a jóképűség nem teszi őket jóvá"
"neither of their husbands makes them happy"
"egyik férjük sem boldogítja őket"
"but virtue, sweetness of temper, and patience"
"de az erény, az indulat édessége és a türelem"
"these things make a woman happy"
"ezek a dolgok boldoggá tesznek egy nőt"
"and the Beast has all these valuable qualities"

"és a fenevadnak megvannak ezek az értékes tulajdonságai"
"it is true; I do not feel the tenderness of affection for him"
"igaz, nem érzem iránta a vonzalom gyengédségét"
"but I find I have the highest gratitude for him"
"de úgy látom, a legnagyobb hálám érte"
"and I have the highest esteem of him"
"És a legnagyobbra becsülöm őt"
"and he is my best friend"
"és ő a legjobb barátom"
"I will not make him miserable"
"Nem fogom őt szerencsétlenné tenni"
"If were I to be so ungrateful I would never forgive myself"
"Ha olyan hálátlan lennék, soha nem bocsátanék meg magamnak"
Beauty put her ring on the table
szépség letette a gyűrűjét az asztalra
and she went to bed again
és újra lefeküdt
scarce was she in bed before she fell asleep
alig volt ágyban, mielőtt elaludt
she woke up again the next morning
másnap reggel újra felébredt
and she was overjoyed to find herself in the Beast's palace
és nagyon boldog volt, hogy a vadállat palotájában találta magát
she put on one of her nicest dress to please him
felvette az egyik legszebb ruháját, hogy a kedvében járjon
and she patiently waited for evening
és türelmesen várta az estét
at last the wished-for hour came
eljött a kívánt óra
the clock struck nine, yet no Beast appeared
az óra kilencet ütött, de vadállat nem jelent meg
Beauty then feared she had been the cause of his death
a szépség akkor attól tartott, hogy ő okozta a halálát
she ran crying all around the palace

sírva rohant körbe a palotában
after having sought for him everywhere, she remembered her dream
miután mindenhol kereste őt, eszébe jutott az álma
and she ran to the canal in the garden
és a kertben lévő csatornához futott
there she found poor Beast stretched out
ott találta szegény fenevadat kinyújtózva
and she was sure she had killed him
és biztos volt benne, hogy ő ölte meg
she threw herself upon him without any dread
minden félelem nélkül rávetette magát
his heart was still beating
a szíve még mindig dobogott
she fetched some water from the canal
vett egy kis vizet a csatornából
and she poured the water on his head
és a fejére öntötte a vizet
the Beast opened his eyes and spoke to Beauty
a fenevad kinyitotta a szemét, és a szépséghez beszélt
"You forgot your promise"
"Elfelejtetted az ígéretedet"
"I was so heartbroken to have lost you"
"Annyira összetört a szívem, hogy elvesztettelek"
"I resolved to starve myself"
"Elhatároztam, hogy kiéheztetem magam"
"but I have the happiness of seeing you once more"
"de örülök, hogy még egyszer láthatlak"
"so I have the pleasure of dying satisfied"
"Szóval az az öröm, hogy elégedetten halok meg"
"No, dear Beast," said Beauty, "you must not die"
- Nem, drága vadállat - mondta a szépség -, nem szabad meghalnod.
"Live to be my husband"
"Élj, hogy a férjem legyél"
"from this moment I give you my hand"

"E pillanattól fogva a kezem nyújtom neked"
"and I swear to be none but yours"
"És esküszöm, hogy nem leszek más, csak a tiéd"
"Alas! I thought I had only a friendship for you"
"Jaj! Azt hittem, csak barátságom van veled"
"but the grief I now feel convinces me;"
"de a bánat, amit most érzek, meggyőz;
"I cannot live without you"
"Nem tudok nélküled élni"
Beauty scarce had said these words when she saw a light
A szépség aligha mondta ezeket a szavakat, amikor fényt látott
the palace sparkled with light
a palota fényben szikrázott
fireworks lit up the sky
tűzijáték világította meg az eget
and the air filled with music
és a levegő megtelt zenével
everything gave notice of some great event
minden valami nagyszerű eseményről adott hírt
but nothing could hold her attention
de semmi sem tudta lekötni a figyelmét
she turned to her dear Beast
– fordult kedves vadállatához
the Beast for whom she trembled with fear
a fenevad, akiért remegett a félelemtől
but her surprise was great at what she saw!
de a meglepetése nagy volt a látottakon!
the Beast had disappeared
a vadállat eltűnt
instead she saw the loveliest prince
ehelyett a legkedvesebb herceget látta
she had put an end to the spell
véget vetett a varázslatnak
a spell under which he resembled a Beast
egy varázslat, amely alatt vadállatra hasonlított

this prince was worthy of all her attention
ez a herceg méltó volt minden figyelmére
but she could not help but ask where the Beast was
de nem tehetett róla, hogy megkérdezte, hol van a fenevad
"You see him at your feet," said the prince
– Látod őt a lábadnál – mondta a herceg
"A wicked fairy had condemned me"
"Egy gonosz tündér elítélt engem"
"I was to remain in that shape until a beautiful princess agreed to marry me"
"Ebben a formában kellett maradnom, amíg egy gyönyörű hercegnő bele nem egyezik hozzám."
"the fairy hid my understanding"
"a tündér elrejtette az értelmemet"
"you were the only one generous enough to be charmed by the goodness of my temper"
"Te voltál az egyetlen elég nagylelkű ahhoz, hogy elbűvölje az indulatom jósága"
Beauty was happily surprised
– lepődött meg boldogan szépség
and she gave the charming prince her hand
és kezet nyújtott a bájos hercegnek
they went together into the castle
együtt mentek be a kastélyba
and Beauty was overjoyed to find her father in the castle
és a szépség rendkívül boldog volt, amikor apját a kastélyban találta
and her whole family were there too
és az egész családja is ott volt
even the beautiful lady that appeared in her dream was there
még az álmában megjelent gyönyörű hölgy is ott volt
"Beauty," said the lady from the dream
– szépség – mondta a hölgy az álomból
"come and receive your reward"
"gyere és vedd át a jutalmad"
"you have preferred virtue over wit or looks"

"Ön az erényt részesíti előnyben, mint az esze vagy a megjelenése"
"and you deserve someone in whom these qualities are united"
"és megérdemelsz valakit, akiben ezek a tulajdonságok egyesülnek"
"you are going to be a great queen"
"nagy királynő leszel"
"I hope the throne will not lessen your virtue"
"Remélem, a trón nem csökkenti az erényedet"
then the fairy turned to the two sisters
majd a tündér a két nővér felé fordult
"I have seen inside your hearts"
"Láttam a szívetekben"
"and I know all the malice your hearts contain"
"És tudom, hogy a szíved minden rosszindulatot tartalmaz"
"you two will become statues"
"ti ketten szobrok lesztek"
"but you will keep your minds"
"de megtartod az eszed"
"you shall stand at the gates of your sister's palace"
"A húgod palotájának kapujában állsz"
"your sister's happiness shall be your punishment"
"A nővéred boldogsága a te büntetésed lesz"
"you won't be able to return to your former states"
"nem fog tudni visszatérni korábbi állapotaiba"
"unless, you both admit your faults"
"hacsak mindketten elismeritek a hibáitokat"
"but I am foresee that you will always remain statues"
"de előre látom, hogy mindig szobrok maradsz"
"pride, anger, gluttony, and idleness are sometimes conquered"
"A büszkeség, a harag, a falánkság és a tétlenség néha legyőzhető"
"but the conversion of envious and malicious minds are miracles"

" de az irigy és rosszindulatú elmék megtérése csodák"
immediately the fairy gave a stroke with her wand
a tündér azonnal ütést adott a pálcájával
and in a moment all that were in the hall were transported
és egy pillanat alatt mindazokat, akik a teremben voltak, elszállították
they had gone into the prince's dominions
a herceg uradalmába mentek
the prince's subjects received him with joy
a herceg alattvalói örömmel fogadták
the priest married Beauty and the Beast
a pap feleségül vette a szépséget és a fenevadat
and he lived with her many years
és sok évig élt vele
and their happiness was complete
és boldogságuk teljes volt
because their happiness was founded on virtue
mert boldogságukat az erényre alapozták

The End
A Vég

www.tranzlaty.com

www.ingramcontent.com/pod-product-compliance
Lightning Source LLC
Chambersburg PA
CBHW010020130526
44590CB00048B/3978